Schlaumeier empfiehlt:

# Deutsch Grammatik

## für das 5.–8. Schuljahr

von Ursula Lassert und Jutta von der Lühe-Tower

Ernst Klett Verlag
Stuttgart  Düsseldorf  Leipzig

## Inhaltsverzeichnis

### 5. Schuljahr

## 6. Schuljahr

## 7./8. Schuljahr

# Wortarten

## 1. Übersicht über die verschiedenen Wortarten

**1**

**Substantiv (Namenwort)**, **Artikel (Begleiter)**, **Adjektiv (Eigenschaftswort)**, und **Pronomen (Fürwort)** sind die Wortarten, die verändert werden können. So haben sie z. B. verschiedene Formen im Singular (Einzahl) und im Plural (Mehrzahl): das Huhn – die Hühner. Sie haben auch unterschiedliche Formen in den verschiedenen Fällen: das Huhn, des Huhnes. Das heißt, sie können **dekliniert (gebeugt)** werden.

| | |
|---|---|
| Substantiv: | das Kind, des Kindes, dem Kinde, die Kinder |
| Artikel: | der, des, dem, den |
| Adjektiv: | frech, freche, frecher, frechen |
| Pronomen: | sie, ihrer, ihr |

**2**

Die Wortart **Verb (Zeitwort)** kann ebenfalls verändert werden. Es wird **konjugiert (gebeugt)**. Dabei verändert es sich z. B. je nach Anzahl der Personen oder nach der gewählten Zeit.

Beispiele: – ich lese, du liest, wir lesen
– ich lese, ich las, ich werde lesen

**3**

Die Wortarten **Adverb (Umstandswort)**, **Präposition (Verhältniswort)** und **Konjunktion (Bindewort)** können **nicht verändert** werden. Sie bleiben immer gleich.

| | |
|---|---|
| Adverb: | morgens, kaum |
| Präposition: | auf, in, unter |
| Konjunktion: | aber, weil, denn |

## 2. Die Personalform des Verbs (Zeitwortes)

**1** Verben (Zeitwörter) bezeichnen eine Handlung, einen Vorgang oder einen Zustand. Sie werden in ihrer Grundform (Infinitiv) genannt. Im Satz erscheinen sie jedoch in ihrer **Personalform**, die du meistens an den verschiedenen Endungen erkennen kannst. Das Verb wird **konjugiert (gebeugt)**. Es gibt drei Personen im Singular (Einzahl) und drei im Plural (Mehrzahl).

| Singular: | **Ich** komme, **du** kommst, **er/sie/es** kommt |
|---|---|
| Plural: | **wir** kommen, **ihr** kommt, **sie** kommen |

**2** Die Personalform des Verbs bildet im Satz die Satzaussage, **das Prädikat**. Dann richtet sie sich in Person und Anzahl nach dem Subjekt (Satzgegenstand).

Beispiele:     Ich lache. Ihr lacht. Die Kinder lachen.

**3** Die Personalformen des Verbs können in **verschiedenen Zeiten** stehen. Deshalb wird das Verb auch **Zeitwort** genannt.

|  | 1. Person Singular | 1. Person Plural |
|---|---|---|
| **Präsens (Gegenwart):** | ich gehe | wir gehen |
| **Perfekt (vollendete Gegenwart):** | ich bin gegangen | wir sind gegangen |
| **Präteritum (Vergangenheit):** | ich ging | wir gingen |
| **Plusquamperfekt (vollendete Vergangenheit):** | ich war gegangen | wir waren gegangen |
| **Futur I (Zukunft):** | ich werde gehen | wir werden gehen |
| **Futur II (vollendete Zukunft):** | ich werde gegangen sein | wir werden gegangen sein |

**4** Hier hast du einen Überblick über alles, was die Personalformen des Verbs zugleich anzeigen:

| | |
|---|---|
| **Person und Numerus (Zahl):** | ich schreibe, **wir** schreiben |
| **Tempus (Zeit):** | ich schreibe, ich schrieb |
| **Aktiv**<br>oder<br>**Passiv:** | ich **schreibe**<br><br>der Brief **wird geschrieben** |
| **Modus (Aussageweise):**<br><br>**Indikativ (Wirklichkeitsform)**<br>oder<br>**Konjunktiv (Möglichkeitsform)** | <br><br>ich schreibe<br><br>ich schriebe (wenn ich Zeit hätte) |

## 3. Das Präsens (Gegenwart)

**1** Das Präsens bezeichnet die **Zeitstufe Gegenwart**. Wie beim Präteritum (Vergangenheit) besitzt es eine **einfache Zeitform**: Ich komme (Präsens). Wir riefen (Präteritum). Andere Zeiten haben dagegen zusammengesetzte Formen: Ich werde kommen (Futur/Zukunft). Wir haben gerufen (Perfekt/vollendete Gegenwart).

| Singular (Einzahl) | Plural (Mehrzahl) |
|---|---|
| ich lese | wir lesen |
| du liest | ihr lest |
| er/sie/es liest | sie lesen |

**2** Das Präsens gibt Folgendes an:

| 1. was gerade geschieht (Gegenwart): | Er **sitzt** auf dem Baum. |
|---|---|
| 2. was allgemein gültig ist: | Die Sonne **scheint**. Das **ist** gut. |
| 3. aber auch was künftig geschieht (jedoch mit entsprechender Zeitangabe): | Morgen **fliege** ich nach Japan. |

## 4. Das Perfekt (vollendete Gegenwart)

**1**

Das Perfekt (vollendete Gegenwart) gehört ebenfalls zur **Zeitstufe Gegenwart**. Es stellt fest, dass in der Vergangenheit ein Geschehen stattgefunden hat, das auch für die Gegenwart noch bedeutend oder dem Sprecher sehr nahe ist.

Beispiel: Ich bin heute spät nach Hause gekommen (und deshalb bin ich jetzt müde).

**2**

Das Perfekt gehört zu den **zusammengesetzten Zeiten**, denn es wird aus der Personalform der Hilfsverben haben oder sein und dem Perfektstamm (dem Partizip Perfekt) gebildet. Im **Hauptsatz** befindet sich das Hilfsverb an der zweiten Stelle, das Partizip Perfekt am Ende des Satzes.

Im **Nebensatz** befindet sich das Hilfsverb am Ende des Satzes und das Partizip Perfekt davor.

| Hauptsatz: | Ich **bin** nach Italien **gefahren**.<br>Wir **haben** den Brief **geschrieben**. |
|---|---|
| Nebensatz: | Ich glaube, dass ich dich gestern **gesehen habe**.<br>Lena freut sich, weil du **gekommen bist**. |

## 5. Das Präteritum (Vergangenheit)

**1** Das Präteritum gehört zur **Zeitstufe Vergangenheit**. Was im Präteritum erzählt wird, ist vergangen. Daher ist das Präteritum die geeignete Zeitform für eine Erzählung oder einen Bericht. Man nennt diese Zeitform deshalb auch die **Erzählzeit**. Wie beim Präsens (Gegenwart) besitzt auch das Präteritum eine **einfache Zeitform**: Ich rief. Du kamst.

**2** Ein **starkes (oder unregelmäßiges) Verb (Zeitwort)** verändert im Präteritum seinen Stammvokal (laufen – lief). Ein **schwaches (oder regelmäßiges) Verb** hängt ein -te an (hören – hörte).

|  | starkes Verb | schwaches Verb |
|---|---|---|
| **Infinitiv (Grundform):** | schweigen | hören |
| **Präsens:** 1. Person Singular 1. Person Plural | ich schweige wir schweigen | ich höre wir hören |
| **Präteritum:** 1. Person Singular 1. Person Plural | ich schwieg wir schwiegen | ich hörte wir hörten |

## 6. Das Plusquamperfekt (vollendete Vergangenheit)

Das Plusquamperfekt (vollendete Vergangenheit) gehört ebenfalls zur **Zeitstufe Vergangenheit** und bezeichnet die **Vergangenheit zum Präteritum**. Es kommt fast nur in Verbindung mit dem Präteritum vor und bezeichnet die **Vorzeitigkeit**. Das Plusquamperfekt wird mit haben oder sein und dem Partizip Perfekt gebildet.

Beispiele:　　Sie hatte zu Abend gegessen, bevor sie losfuhr.
　　　　　　　Er hatte die Aufgaben schon gerechnet, als er zu uns kam.
　　　　　　　Nachdem ich Rad gefahren war, war ich müde.

## 7. Das Futur I (Zukunft)

> Ein Geschehen, das noch zu erwarten ist, liegt in der Zukunft. Das Futur I kündigt ein **zukünftiges Geschehen** an. Man kann damit auch Wünsche oder Vermutungen äußern. Es wird mit dem Hilfsverb werden und dem Infinitiv (Grundform) eines weiteren Verbs (Zeitwortes) gebildet. Oft wird es allerdings durch das Präsens mit Zeitangabe ersetzt.

Beispiele:   Wir werden im Sommer ans Meer fahren.
Mutter wird mir das Buch kaufen.
Er wird heute wohl nicht mehr kommen.
Jonas fährt morgen zu Eva.

## 8. Das Futur II (vollendete Zukunft)

> Das Futur II gehört wie das Futur I zur **Zeitstufe Zukunft** und bezeichnet ein **abgeschlossenes Geschehen, das aber erst noch stattfinden wird**. Es wird im Deutschen sehr selten gebraucht. Das Futur II wird mit dem Hilfsverb werden, dem Partizip Perfekt (Mittelwort der Vergangenheit) und dem Infinitiv von haben oder sein gebildet.

Beispiele:   Wir werden das Zimmer bis heute Abend angestrichen haben.
Sie wird doch wohl das Buch mitgebracht haben!
Wenn er aufwachen wird, werde ich zurückgekommen sein.

## 9. Das Partizip Präsens (Mittelwort der Gegenwart)

Das Partizip Präsens (Mittelwort der Gegenwart oder Partizip I) endet auf -end (lachend, reizend, strahlend). Es drückt aus, dass ein **Geschehen oder ein Zustand länger andauert**. Häufig tritt es nicht nur als Form des Verbs (Zeitwortes) auf, sondern wird **als Adjektiv (Eigenschaftswort) verwendet**. Dann richtet es sich wie dieses immer nach seinem Bezugswort und wird entsprechend **dekliniert (gebeugt)**.

Beispiele:
Das lachende Mädchen lief zum Hafen.
Mara tröstete den weinenden Jungen.
Ich gab dem bettelnden Kind einen Apfel.
Ein bellender Hund lief über den Rasen.

## 10. Das Partizip Perfekt (Mittelwort der Vergangenheit)

**1** Das Partizip Perfekt (Mittelwort der Vergangenheit oder Partizip II) bezeichnet den **Abschluss eines Geschehens oder Zustands**. Es wird vor allem verwendet, um zusammengesetzte Verbformen zu bilden.

Beispiele:
Das hat er gut gemacht.
Laura ist gelaufen.
In der Woche davor hatte Klaus schwer gearbeitet.

**2** Das Partizip Perfekt kann aber auch wie das Partizip Präsens **als Adjektiv gebraucht werden**. Dann richtet es sich nach seinem Bezugswort und wird **dekliniert**.

Beispiele:
Dort liegt der abgebrochene Ast.
Steffi sammelt die heruntergefallenen Birnen auf.
David hilft den angekommenen Gästen.

## 11. Die drei Stammformen

**1** Jedes Verb (Zeitwort) hat drei Stammformen:

| 1. Stammform | **Infinitiv (Grundform):** laufen | = Präsensstamm |
| 2. Stammform | **1. Person Singular Präteritum (Vergangenheit):** ich lief | = Präteritum- stamm |
| 3. Stammform | **Partizip II /Partizip Perfekt (Mittelwort der Vergangenheit):** gelaufen | = Perfektstamm |

> Mit Hilfe dieser drei Stammformen können **alle Zeitformen** gebildet werden. An der zweiten und dritten Stammform erkennt man, ob es sich um ein schwaches (regelmäßiges) oder ein starkes (unregelmäßiges) Verb handelt.

**2**

> Im **Präteritum** ändern die **starken (unregelmäßigen) Verben** den Stamm-vokal (lesen – ich las), die **schwachen (regelmäßigen) Verben** enden auf -te (sagen – ich sagte).
>
> Beim **Perfektstamm** erhalten alle Verben die Vorsilbe ge-. Die starken Ver-ben enden auf -en und die schwachen auf -t.

| | Infinitiv | Präteritumstamm | Perfektstamm |
|---|---|---|---|
| schwache Verben: | machen sagen malen | machte sagte malte | gemacht gesagt gemalt |
| starke Verben: | gehen singen laufen | ging sang lief | gegangen gesungen gelaufen |

## 12. Substantive (Namenwörter) und ihre Artikel (Begleiter)

**1** Substantive **benennen Lebewesen, Dinge, Gedanken** und **abstrakte Sachverhalte mit Namen.** Daher heißen sie auch Nomen (Namenwörter).

Beispiele:     Fahrrad, Hund, Erkenntnis, Liebe, Gesellschaft

**2** Der Artikel gehört zu den Begleitern des Substantivs. Wir unterscheiden den **bestimmten** (der, die, das im Singular, die im Plural) und den **unbestimmten** (ein, eine, ein) **Artikel.** Mit dem bestimmten Artikel wird ausgedrückt, dass etwas schon bekannt oder erwähnt worden ist. Der unbestimmte Artikel spricht von etwas bisher Unbekanntem.

**3** Verändert sich das Substantiv, verändert sich auch der Artikel, das heißt, beide werden **dekliniert (gebeugt).** Sie stimmen in **Genus (Geschlecht), Numerus (Zahl)** und **Kasus (Fall)** immer überein.

| | |
|---|---|
| **Genus (Geschlecht):** | Der Artikel wird auch Geschlechtswort genannt, weil wir an ihm das **grammatische Geschlecht** des Substantivs erkennen können: |
| | **der** Pilot, **der** Baum, **der** Hund (**männlich/Maskulinum**)<br>**die** Kastanie, **die** Wolke, **die** Kassette (**weiblich/Femininum**)<br>**das** Wasser, **das** Mädchen, **das** Schaf (**sächlich/Neutrum**) |
| **Numerus (Zahl):** | Substantive und Artikel können im **Singular (Einzahl)** oder **Plural (Mehrzahl)** stehen: |
| | **das** Haus – **die** Häuser<br>**der** Stuhl – **die** Stühle<br>**die** Flasche – **die** Flaschen |
| **Kasus (Fall):** | Substantive und Artikel stehen immer in **demselben Fall:** |
| | Dort steht **der** Zwerg. (Nominativ/1. Fall)<br>Das ist die Mütze **des** Zwerges. (Genitiv/2. Fall)<br>Sie hilft **dem** Zwerg. (Dativ/3. Fall)<br>Ich sehe **den** Zwerg. (Akkusativ/4. Fall) |

## 13. Substantive (Namenwörter):
## Singular und Plural (Einzahl und Mehrzahl)

**1**

Die meisten Substantive (Namenwörter) können im Singular (Einzahl) und im Plural (Mehrzahl) stehen. Der Plural kann **sehr verschieden gebildet werden**. Dazu gibt es leider keine Regel.

Hier sind Beispiele für die verschiedenen Pluralformen:

|  | Singular | Plural |
|---|---|---|
| -e: | der Hund | die Hunde |
| -e und Umlaut: | das Floß | die Flöße |
| -er: | das Brett | die Bretter |
| -er und Umlaut: | das Blatt | die Blätter |
| nur Umlaut: | der Vater | die Väter |
| -en: | die Fahrt | die Fahrten |
| -n: | die Straße | die Straßen |
| -s: | das Auto | die Autos |
| ohne Veränderung: | der Dampfer | der Dampfer |
| Substantive auf -in bilden den Plural so: | die Lehrerin | die Lehrerinnen |

**2**

Manche Substantive stehen immer im Singular, andere immer im Plural.

| immer im Singular: | die Milch, das Obst |
|---|---|
| immer im Plural: | die Eltern, die Geschwister |

## 14. Die vier Fälle

Je nachdem, wie Substantive (Namenwörter) im Satz verwendet werden, verändern sie ihre Form. Diese Formveränderung nennt man **Deklination**. Substantive können also dekliniert (gebeugt) werden, ähnlich wie auch Adjektive (Eigenschaftswörter) oder Artikel (Begleiter). Sie stehen dann stets in einem bestimmten **Kasus (Fall)**. Es gibt vier verschiedene Fälle, die man jeweils durch bestimmte Fragen erkennen kann.

| Kasus | Singular (Einzahl) | | |
| --- | --- | --- | --- |
| | Maskulinum | Femininum | Neutrum |
| **Nominativ: Wer?** (1. Fall/Wer-Fall) | der Mann | die Frau | das Kind |
| **Genitiv: Wessen?** (2. Fall/Wes-Fall) | des Mannes | der Frau | des Kindes |
| **Dativ: Wem?** (3. Fall/ Wem-Fall) | dem Mann | der Frau | dem Kind |
| **Akkusativ: Wen oder was?** (4. Fall/Wen-Fall) | den Mann | die Frau | das Kind |

| Kasus | Plural (Mehrzahl) | | |
| --- | --- | --- | --- |
| | Maskulinum | Femininum | Neutrum |
| **Nominativ: Wer?** | die Männer | die Frauen | die Kinder |
| **Genitiv: Wessen?** | der Männer | der Frauen | der Kinder |
| **Dativ: Wem?** | den Männern | den Frauen | den Kindern |
| **Akkusativ: Wen oder was?** | die Männer | die Frauen | die Kinder |

Du siehst an diesen Tabellen, dass Substantive

1. stets ein **bestimmtes Geschlecht (Genus)** haben:

   der Baum (männlich/Maskulinum)
   die Blume (weiblich/Femininum)
   das Fenster (sachlich/Neutrum)

2. entweder im **Singular** oder im **Plural** stehen
   (das ist der so genannte **Numerus**)

3. und immer in einem bestimmten **Kasus (Fall)** stehen.

5

# 15. Die Personalpronomen (persönliche Fürwörter)

**1** Das Personalpronomen (persönliches Fürwort) steht an Stelle von Personen, Tieren oder Gegenständen. Es steht **an Stelle eines Substantivs (Namenwortes).**

Beispiele: Lisa (sie), der Bäcker (er), das Haus (es)

**2** Wie Substantive können auch Pronomen **in verschiedenen Fällen stehen.**

| | Singular (Einzahl) | | |
|---|---|---|---|
| | 1. Person | 2. Person | 3. Person |
| **Nominativ: Wer?** (1. Fall/Wer-Fall) | ich | du | er, sie, es |
| **Genitiv: Wessen?** (2. Fall/Wes-Fall) | meiner | deiner | seiner, ihrer, seiner |
| **Dativ: Wem?** (3. Fall/ Wem-Fall) | mir | dir | ihm, ihr, ihm |
| **Akkusativ: Wen oder was?** (4. Fall/Wen-Fall) | mich | dich | ihn, sie, es |

| | Plural (Mehrzahl) | | |
|---|---|---|---|
| | 1. Person | 2. Person | 3. Person |
| **Nominativ: Wer?** | wir | ihr | sie |
| **Genitiv: Wessen?** | unser | euer | ihrer |
| **Dativ: Wem?** | uns | euch | ihnen |
| **Akkusativ: Wen oder was?** | uns | euch | sie |

**3**   Bei der Anrede gibt es zwei Möglichkeiten: die Pronomen du/ihr für **ver-**
**traute Personen** und das Sie in der höflichen Anrede. In einem Brief wird Sie
mit den dazugehörenden Pronomen (Ihre, Ihnen, Ihr ...) immer großge-
schrieben.

| | |
|---|---|
| vertraute Anrede (du/ihr): | – Hallo, **ihr** Lieben, ich komme **euch** nächste Woche besuchen!<br>– Holger, kannst **du** mal bei mir anrufen? |
| höfliche Anrede (Sie): | – Liebe Frau Peterson, wie geht es **Ihnen**?<br>– Darf ich **Sie** einmal besuchen kommen? |

# 16. Die Possessivpronomen (Besitz anzeigende Fürwörter)

**1** Das Possessivpronomen ist ein Besitz anzeigendes Fürwort. Es begleitet ein Substantiv (Namenwort) und zeigt dessen Zugehörigkeit zu einem anderen Ding oder Lebewesen an. Das Possessivpronomen stimmt mit dem Substantiv in Numerus (Zahl) und Kasus (Fall) überein.

Beispiele:  Ich liebe meinen Hund.
Siehst du dort unsere Freunde?
Wie geht es deinem Bruder?

Die Possessivpronomen sind:

|  | Singular (Einzahl) | Plural (Mehrzahl) |
|---|---|---|
| 1. Person | mein | unser |
| 2. Person | dein | euer |
| 3. Person | sein, ihr, sein | ihr |

**2** Wie das Personalpronomen (persönliches Fürwort), so wird auch das Possessivpronomen in Briefen bei der **vertrauten Anrede kleingeschrieben** und bei der **höflichen Anrede großgeschrieben**.

| vertraute Anrede: | Lieber Lasse, wie geht es **deinem** Hund und **deinen** Meerschweinchen? |
|---|---|
| höfliche Anrede: | Sehr geehrter Herr Streubel, wann dürfen wir **Ihren** Bauernhof besuchen und uns **Ihre** Tiere ansehen? |

## 17. Relativpronomen, Demonstrativpronomen, Reflexivpronomen und Interrogativpronomen

**1** **Relativpronomen (bezügliche Fürwörter)** leiten einen Nebensatz (Relativsatz) ein. Sie beziehen sich auf ein vorhergehendes Substantiv (Namenwort) und stimmen mit diesem in Genus (Geschlecht) und Numerus (Zahl) überein. Relativpronomen sind der, die, das.

Beispiele:    Das ist der Junge, der uns gestern geholfen hat.
Ich sehe den Mann, dem du die Zeitung gegeben hast.

**2** Das **Demonstrativpronomen (hinweisendes Fürwort)** kann als Begleiter oder Stellvertreter stehen. Es weist ausdrücklich auf eine Person, eine Sache oder einen Zustand hin. Wichtige Demonstrativpronomen sind: der, die, das; dieser, diese, diese; jener, jene, jenes; solcher, solche, solches.

Beispiele:    Dieses Haus gefällt mir.
Dies mag ich besonders gern.
Solche Leute kenne ich.

**3** Das **Reflexivpronomen (rückbezügliches Fürwort)** bezieht sich auf das Subjekt (Satzgegenstand) des Satzes.

Beispiele:    Ich fürchte mich.
Sie fürchtet sich.

**4** Das **Interrogativpronomen (Fragefürwort)** leitet direkte und indirekte Fragen ein. Interrogativpronomen sind : Wer? Was? Welcher ...? Welche ...? Welches ...?

Beispiele:    Wer kommt mit uns? (direkte Frage)
Maya fragte, welches Kind mit uns kommen will.
(indirekte Frage)

## 18. Adjektive (Eigenschaftswörter)

**1**

Adjektive sagen uns, **wie** Lebewesen, Dinge, Zustände und Vorgänge sind. Sie teilen uns mit, welche Eigenschaften sie besitzen. Deshalb nennt man sie auch **Eigenschaftswörter**. Adjektive machen eine Erzählung oder Beschreibung anschaulich und verständlich.

**2**

Ein Adjektiv kann in Verbindung **mit einem Substantiv (Namenwort)** stehen. Dann wird es **dekliniert (gebeugt)**, das heißt, es richtet sich in Genus (Geschlecht), Numerus (Zahl) und Kasus (Fall) nach diesem Substantiv und wird **kleingeschrieben**.

Beispiele:　　Dort steht ein großer Hund.
　　　　　　Ich sehe eine klitzekleine Maus.
　　　　　　Ich habe ein kleines Fahrrad.
　　　　　　Wir wohnen in dem kleinen, alten Haus.
　　　　　　Dieses Geschenk ist für die alte Nachbarin.
　　　　　　Diese Säge ist aber wirklich messerscharf!

**3**

Ein Adjektiv kann auch **mit einem Verb (Zeitwort)** in Verbindung stehen. Dann verändert es sich nicht. Aber auch hier schreibst du es **klein**.

Beispiele:　　Das Wetter ist schön.
　　　　　　Der Mantel sieht so unmodern aus.

# 19. Die Steigerung von Adjektiven (Eigenschaftswörtern)

**1** Die einzige Wortart, die gesteigert werden kann, ist das Adjektiv (Eigenschaftswort). Dabei unterscheiden wir folgende **Stufen**:

| Positiv (Grundstufe): | schnell | kalt |
|---|---|---|
| Komparativ (1. Vergleichsform): | schneller | kälter |
| Superlativ (2. Vergleichsform/ Höchststufe): | **am** schnell**sten** | **am** kält**esten** |

**2** Steht der **Komparativ** oder der **Superlativ** bei einem Substantiv (Namenwort), wird er **dekliniert (gebeugt)**. Er richtet sich dann in Genus (Geschlecht), Numerus (Zahl) und Kasus (Fall) nach dem Substantiv.

Beispiele: Dort steht das älteste Auto.
Er kaufte den billigsten Computer.
Sie liebte die buntesten Kleider.
Er wurde von den höheren Preisen abgeschreckt.
Er zog das modernere Haus vor.

**3** Nur wenige Adjektive lassen sich gar **nicht steigern**.

Beispiele: viereckig, rund, tot, italienisch, erstklassig, ...

**4** Einige Adjektive werden **unregelmäßig gesteigert.** Am besten prägst du sie dir gut ein.

| Positiv | Komparativ | Superlativ |
| --- | --- | --- |
| gut | besser | am besten |
| viel | mehr | am meisten |
| hoch | höher | am höchsten |
| nahe | näher | am nächsten |

## 20. Vergleiche

**1**

Um zwei Lebewesen, Dinge oder Zustände zu vergleichen, verwenden wir Adjektive (Eigenschaftswörter). Bei einem Vergleich wird der **Positiv (Grundstufe)** verwendet, wenn zwei Dinge, Lebewesen oder Zustände **gleich** sind. Dazu gehört das Vergleichswort **so ... wie**.

Beispiele:      Lisa ist so groß wie die Sonnenblume.
                      Kevin ist so alt wie meine Schwester.
                      Meine Tante ist so fleißig wie eine Biene.

**2**

Der **Komparativ (1. Vergleichsform)** wird gebraucht, wenn zwei Dinge, Lebewesen oder Zustände **verschieden** sind. Dann kommt das Vergleichswort **als** hinzu.

Beispiele:      Das Flugzeug ist schneller als das Auto.
                      Deine Maske ist schöner als meine.
                      Heute ist das Wetter besser als gestern.

## 21. Adverbien (Umstandswörter)

Adverbien (Umstandswörter) bestimmen **nähere Umstände genauer**. Sie können etwas über zeitliche und räumliche Umstände aussagen, über Begleitumstände eines Geschehens (Art und Weise) oder auch ein Geschehen begründen. Adverbien sind z. B. hier, dort, gestern, kaum, sogar, übrigens, sehr, folglich.

Beispiele:  Er kam gestern in Amerika an.
Gestern kam er in Amerika an.
Sie hatte kaum Hunger.
Ich hatte es sehr eilig.

## 22. Präpositionen (Verhältniswörter)

**1** Präpositionen geben **räumliche und zeitliche Verhältnisse und Beziehungen** an. Sie bestimmen den Kasus (Fall) des nach ihnen stehenden Substantivs (Namenwortes). Sie selbst können nicht verändert werden, aber sie können mit dem Artikel (Begleiter) zusammengezogen werden (an dem = am, durch das = durchs ...).

**2** Nach den räumlichen Präpositionen ab, auf, hinter, in, neben, über, unter, vor und zwischen steht das folgende Substantiv entweder im Dativ (3. Fall, Wem-Fall) oder im Akkusativ (4. Fall, Wen-Fall). Diese Präpositionen geben Antwort auf die Fragen „Wo?" (Ort) oder „Wohin?" (Richtung). Auf die Frage **„Wo?"** steht der **Dativ**, auf die Frage **„Wohin?"** steht der **Akkusativ**.

Beispiele:  Wo liegt das Buch? – Das Buch liegt auf dem Tisch.
Wohin legt Martin das Buch? – Er legt es auf den Tisch.

**3** Präpositionen wie um, während, vor, nach, seit, ... bezeichnen auch den Zeitpunkt und die Zeitdauer eines Geschehens.

Beispiele:  Der Zug fuhr erst nach 10 Uhr ab. (Zeitpunkt)
Während der Pause spielte ich mit Kai. (Zeitdauer)

## 23. Konjunktionen (Bindewörter)

**1** Nebenordnende Konjunktionen (Bindewörter) verbinden gleichwertige Wörter, Wortgruppen und Sätze miteinander. Sie stehen immer am Anfang des angehängten Satzteiles. Ein Komma wird nur gesetzt, wenn ein Unterschied hervorgehoben oder eine Begründung angegeben wird.

| Ohne Komma werden verwendet | Mit Komma werden verwendet |
|---|---|
| und | aber |
| oder | denn |
| sowohl ... als auch | dennoch |
| so wie | sondern |
| entweder ... oder | zwar |
| wie | nämlich |
| | also |

Beispiele:    Steffi singt und Laura lacht.
Kommt Xenia heute oder geht sie ins Kino?

Hajo geht zum Strand, aber er will nicht schwimmen.
Timo mag Jeron, dennoch will er nicht neben ihm sitzen.

**2** Unterordnende Konjunktionen wie z. B. als, indem, weil, da, so dass/sodass, dass, wenn, obwohl, während, nachdem verbinden einen Nebensatz mit einem Hauptsatz (oder einem anderen Nebensatz). Nebensätze sind vollständige Sätze, aber sie sind vom Hauptsatz abhängig. Bei ihnen steht das Prädikat (Satzaussage) nicht an zweiter, sondern immer an letzter Stelle. Zwischen Haupt- und Nebensatz steht **immer ein Komma**.

Beispiele:    Ich komme nicht, weil ich morgen verreise.
Er weiß, dass ich nach Frankreich fahre.
Michael hatte hohes Fieber, als der Arzt kam.
Sie ging in die Höhle, obwohl sie Angst hatte.
Julia ging nach Hause, nachdem sie telefoniert hatte.

5

# Wortbildung

## 1. Zusammengesetzte Substantive (Namenwörter)

**1** | Substantive (Namenwörter) können **durch Zusammensetzen von zwei oder mehr Wörtern** gebildet werden. Diese Wörter können **unterschiedlichen Wortarten** angehören.

| | | | | |
|---|---|---|---|---|
| Garten (Substantiv) | + | Tor (Substantiv) | = | Gartentor |
| klein (Adjektiv/Eigenschaftswort) | + | Kind (Substantiv) | = | Kleinkind |
| fahren (Verb/Zeitwort) | + | Plan (Substantiv) | = | Fahrplan |
| vor (Partikel/Wortteilchen) | + | Stadt (Substantiv) | = | Vorstadt |

**2** | Zusammengesetzte Substantive bestehen aus einem **Bestimmungswort** und dem folgenden **Grundwort**. Das Grundwort wird durch das Bestimmungswort näher bestimmt. Der Artikel (Begleiter) richtet sich immer nach dem Grundwort.

| | 1. Bestimmungs-wort | 2. Bestimmungs-wort | Grundwort |
|---|---|---|---|
| die Sandburg | der Sand | – | die Burg |
| der Schranktür-schlüssel | der Schrank | die Tür | der Schlüssel |

**3** | Wenn zwei Wörter zu einem neuen Wort zusammengefügt werden, müssen manchmal zusätzliche Buchstaben eingefügt werden. Diese nennt man **Fugenzeichen** (-e-, -er-, -es-, -n-, -s-).

Beispiele: das Lesebuch, die Kinderschuhe, der Meeresboden, das Krankenhaus, das Bootshaus

## 2. Zusammengesetzte Adjektive (Eigenschaftswörter)

**1** Mit Adjektiven (Eigenschaftswörtern: schön, groß, dick ...) kannst du Personen, Tiere und Dinge gut beschreiben. Du kannst sie aber oft noch genauer und **anschaulicher beschreiben**, wenn du **zusammengesetzte Adjektive** verwendest.

Beispiele:   Ein Apfel ist vielleicht nicht nur *grün*, sondern grasgrün.
Ein Mann ist vielleicht nicht nur *stark*, sondern bärenstark.

**2** Bei diesen Zusammensetzungen können die Bestimmungswörter aus verschiedenen Wortarten bestehen:

| | |
|---|---|
| Substantiv (Namenwort) und Adjektiv: | zuckersüß bleischwer mausgrau |
| Verb (Zeitwort) und Adjektiv: | gleitfähig rutschfest sehenswert |
| Adjektiv und Adjektiv: | gelbgrün weitsichtig dunkelblau |
| Numerale (Zahlwort) und Adjektiv: | einarmig zweiseitig dreieckig |

## 3. Wörter mit Vorsilben

**1** Wörter, die mit Vorsilben gebildet werden, nennt man **Ableitungen**. Vorsilben sind z.B. **ver-, be-, ge-, end-, ent-, un-**.

| | | | | |
|---|---|---|---|---|
| end- | + | Bahnhof | = | Endbahnhof |
| be- | + | gießen | = | begießen |
| miss- | + | Ton | = | Misston |
| un- | + | wohl | = | unwohl |
| ver- | + | fahren | = | verfahren |
| ent- | + | fallen | = | entfallen |
| ge- | + | duld(en) | = | Geduld |
| ur- | + | alt | = | uralt |

**2** Mit der Vorsilbe **Un-/un-** kann man das Gegenteil ausdrücken.

Beispiele:  Glück   – Unglück
nötig   – unnötig

**3** Mit der Vorsilbe **Ur-/ur-** drückt man eine Steigerung aus.

Beispiele:  alt   – uralt
komisch – urkomisch
Zeit   – Urzeit

**4** Wörter mit **End-/end-** sind immer verwandt mit dem Begriff **Ende**.

Beispiele:   Endstation, endlos, unendlich

## 4. Wörter mit Nachsilben

**1**

Auch Wörter, die mit Nachsilben gebildet werden, nennt man **Ableitungen** (im Gegensatz zu Zusammensetzungen, die aus zwei selbstständigen Wörtern bestehen). Mit Hilfe der **Nachsilben -heit, -keit, -nis, -schaft, -ung** und **-tum** kannst du neue Substantive (Namenwörter) bilden. Wörter mit diesen Endungen werden immer **großgeschrieben**.

| | | | | | |
|---|---|---|---|---|---|
| Mensch | + | -heit | = | Menschheit | |
| fröhlich | + | -keit | = | Fröhlichkeit | |
| geheim | + | -nis | = | Geheimnis | |
| reich | + | -tum | = | Reichtum | |
| heizen | + | -ung | = | Heizung | |
| gefangen | + | -schaft | = | Gefangenschaft | |

**2**

Mit Hilfe der **Nachsilben -bar, -ig, -isch, -lich, -sam** kannst du aus verschiedenen Wortarten neue Adjektive (Eigenschaftswörter) bilden.

| | | | | |
|---|---|---|---|---|
| essen | + | -bar | = | essbar |
| Sturm | + | -isch | = | stürmisch |
| Dorn | + | -ig | = | dornig |
| Angst | + | -lich | = | ängstlich |
| sparen | + | -sam | = | sparsam |

**Vorsicht:** Bei den Adjektiven auf -ig wird die Endung wie ein ch-Laut gesprochen! Wenn du dir unsicher bist, ob du am Ende ein g oder ein ch schreiben musst, verlängere das Wort, indem du es vor ein Substantiv setzt.

Beispiele:     eine saftige Birne, ein prächtiges Schloss

# Wortarten

## 1. Die Wortarten im Überblick

| lateinische Bezeichnung | deutsche Bezeichnung | Beispiele |
|---|---|---|
| Verb | Tätigkeitswort, Zeitwort | sehen, laufen, sein |
| Substantiv / Nomen | Namenwort, Hauptwort | Haus, Stuhl, Liebe, Idee, Zeit |
| Adjektiv | Eigenschaftswort | klein, grün, still |
| Artikel | Begleiter | der, die, das; ein, eine |
| Pronomen | Fürwort | ich, wir; sich; mein, unser; dieser; welche |
| Numerale | Zahlwort | eins, erster, viele, alle |
| Adverb | Umstandswort | heute, nie, abends, dort |
| Präposition | Verhältniswort | am, über, im, auf, vor |
| Konjunktion | Bindewort | oder, da, wenn, und, weil, damit, obwohl |
| Interjektion | Ausrufewort | Hu! Oje! Aua! |

**1** **Substantiv, Artikel, Adjektiv** und **Pronomen** sind **deklinierbare Wortarten.** Das bedeutet, dass sie ihre Form je nach Kasus (Fallsetzung: der Vater, des Vaters, dem Vater ...) und Numerus (Singular/Plural: das schöne Bild – die schönen Bilder) **verändern**.

**2** Auch das **Verb** ist eine **veränderliche Wortart,** weil es seine Form entsprechend der Anzahl der Personen und der gewählten Zeit verändert. Dies bezeichnet man als **Konjugation:** ich gehe; wir gingen; ihr seid gegangen.

**3** **Adverb, Präposition, Konjunktion** und **Interjektion** sind **Partikeln.** Diese Wortarten können **nicht verändert** werden.

## 2. Das Verb

**1** Verben bezeichnen eine Handlung, einen Vorgang oder einen Zustand. Sie werden **konjugiert,** das heißt, sie verändern ihre Form. Diese **finite Verbform** nennt man auch **Personalform.** Sie bildet im Satz das **Prädikat** und stimmt in Person und Numerus immer mit dem Subjekt überein.

Beispiele:     Max schreibt. Wir schreiben. Ich schreibe nicht.

**2** Die **Personalform eines Verbs** zeigt zugleich Folgendes an:

| | |
|---|---|
| **Person** | ich schreibe (1. Person), du schreibst (2. Person) |
| **Numerus** (Zahl) | ich schreibe (Singular) wir schreiben (Plural) |
| **Tempus** (Zeit) | ich schreibe (Präsens) ich schrieb (Präteritum) |
| **Genus** (Aktiv oder Passiv) | Ich **schreibe** einen Brief. (Aktiv) Der Brief **wird geschrieben.** (Passiv) |
| **Modus** (Aussageweise): **Indikativ** (Wirklichkeitsform) oder **Konjunktiv** (Möglichkeitsform) | ich schreibe ich schriebe (wenn ich könnte) |

**6**

## 3. Die Stammformen des Verbs

**1** Mit Hilfe der Stammformen eines Verbs können **alle Zeitformen** gebildet werden.

| 1. Stammform | **Infinitiv:** singen | = **Präsensstamm** |
|---|---|---|
| 2. Stammform | **1. Person Singular Präteritum:** (ich) sang | = **Präteritumstamm** |
| 3. Stammform | **Partizip II/ Partizip Perfekt:** gesungen | = **Perfektstamm** |

**2** **Starke Verben** ändern im Präteritum den Stammvokal (singen – ich sang). Das Partizip Perfekt erhält die Vorsilbe ge- und endet auf -en.
Bei **schwachen Verben** bleibt der Stamm unverändert. Das Präteritum wird durch die Nachsilbe -te gebildet, das Partizip Perfekt erhält ebenfalls die Vorsilbe ge- und endet auf -t.

| | Infinitiv | Präteritumstamm | Perfektstamm |
|---|---|---|---|
| schwache Verben | lachen reden packen | lachte redete packte | gelacht geredet gepackt |
| starke Verben | gehen fahren laufen | ging fuhr lief | gegangen gefahren gelaufen |

## 4. Die Partizipien

**1** Das **Partizip Präsens** (Mittelwort der Gegenwart) bildest du, indem du an den Infinitiv eines Verbs ein **-d** anhängst. Im Deutschen wird es hauptsächlich als **Adjektiv** verwendet und wie dieses **dekliniert.** Wie alle Adjektive kann es auch **substantiviert** werden.

| Infinitiv | Partizip Präsens | Beispiel |
|---|---|---|
| schreiben | schreib**end** | Die **schreibenden** Schüler waren mucksmäuschenstill. |
| warten | wart**end** | Die **Wartenden** wurden ungeduldig. (Substantivierung) |

**2** Das **Partizip Perfekt** bezeichnet den Abschluss eines Geschehens oder Zustands. Es endet auf **-en** (starke Verben, z. B. gefahren) oder auf **-t** (schwache Verben, z. B. gemalt). In den meisten Fällen hat es die Vorsilbe ge-. Die deutsche Bezeichnung **Mittelwort** für das Partizip Perfekt weist darauf hin, dass es zwei Wortarten angehört.

| | |
|---|---|
| Als **Verb** wird das Partizip Perfekt für die **zusammengesetzten Zeiten** und für das **Passiv** benutzt. | Ich habe/hatte **geschrieben.** Der Chor hat schön **gesungen.** Der Brief **wird** gerade **geschrieben.** |
| Das Partizip Perfekt kann jedoch auch die Aufgabe eines **Adjektivs** erfüllen (und wird entsprechend **dekliniert**). | Der **gebrauchte** Wagen war knallrot. Das eben **aufgehängte** Bild war bereits voller Staub. |

6

## 5. Die Zeitformen im Überblick

Die Verben der deutschen Sprache lassen sich in folgende Zeiten setzen:

| Zeitform (Tempus) | Zeitstufe | Beispiele |
|---|---|---|
| **Präsens** (Gegenwart) | Gegenwart | ich spiele, wir gehen, sie schreiben |
| **Perfekt** (vollendete Gegenwart) | | ich habe gespielt, wir sind gegangen, sie haben geschrieben |
| **Präteritum / Imperfekt** (Vergangenheit) | Vergangenheit | ich spielte, wir gingen, sie schrieben |
| **Plusquamperfekt** (vollendete Vergangenheit) | | ich hatte gespielt, wir waren gegangen, sie hatten geschrieben |
| **Futur I** (Zukunft) | Zukunft | ich werde spielen, wir werden gehen, sie werden schreiben |
| **Futur II** (vollendete Zukunft) | | ich werde gespielt haben, wir werden gegangen sein, sie werden geschrieben haben |

## 6. Präsens und Perfekt

**1** Das Präsens bezeichnet eine Handlung, die **gerade in dem Augenblick** des Sprechens oder Schreibens **stattfindet**.

| Singular | Plural |
|---|---|
| ich sehe, gehe | wir sehen, gehen |
| du siehst, gehst | ihr seht, geht |
| er, sie, es sieht, geht | sie sehen, gehen |

**2** Das Präsens drückt auch **Allgemeingültiges** oder sich **wiederholende Vorgänge** aus.

Beispiele: Die Erde ist rund. Heute regnet es. Du kommst immer zu spät.

**3** Du kannst das Präsens auch für **Zukünftiges** verwenden (jedoch mit entsprechender Zeitangabe).

Beispiel: Ich fahre morgen in den Urlaub.

**4** Das **Perfekt** bezeichnet ein Geschehen, das in der Vergangenheit abgeschlossen wurde, **für die Gegenwart aber noch Bedeutung hat**.

Beispiel: Ich habe angenommen, dass er schon angekommen ist.

**5** Das Perfekt gehört zu den **zusammengesetzten Zeiten**. Um es zu bilden, brauchst du das **Partizip Perfekt** und eine Form der **Hilfsverben** haben oder sein.

| Singular | Plural |
|---|---|
| ich habe gesehen, bin gegangen | wir haben gesehen, sind gegangen |
| du hast gesehen, bist gegangen | ihr habt gesehen, seid gegangen |
| er, sie, es hat gesehen, ist gegangen | sie haben gesehen, sind gegangen |

## 7. Präteritum und Plusquamperfekt

**1** Das **Präteritum** bezieht sich auf ein vergangenes Geschehen. Du findest es häufig in Erzählungen oder auch Berichten. **Starke Verben** verändern im Präteritum ihren Stammvokal (sehen – sah). Schwache Verben hängen ein -te an (hören – hörte).

Beispiele: Ich sah einen Unfall, als ich zur Schule ging.
Ich meldete ihn der Polizei.

**2** Das **Plusquamperfekt** bezeichnet die **Vergangenheit zum Präteritum**. Es kommt fast nur in Verbindung mit dem Präteritum vor und drückt dann **Vorzeitigkeit** aus. Du benötigst zu seiner Bildung die Hilfsverben haben oder sein und das **Partizip Perfekt**.

Beispiele: Nachdem ich den Unfall gesehen hatte, meldete ich ihn der Polizei.
Obwohl Rita schon lange fortgegangen war, blieb Max noch wie angewurzelt stehen.

## 8. Futur I und Futur II

**1** Für eine Handlung, die in der Zukunft stattfinden wird, verwendest du das **Futur I**. Dazu benötigst du eine Form des **Hilfsverbs** werden und den **Infinitiv Präsens** eines weiteren Verbs (z. B. ankommen, landen).

Beispiele: Er wird morgen ankommen.
Dann werde ich ihn abholen.

**2** Das **Futur II** kommt im Deutschen selten vor. Es bezeichnet ein abgeschlossenes Geschehen, das erst in der Zukunft stattfinden wird. Für das Futur II benötigst du ebenfalls eine Form des **Hilfsverbs** werden, außerdem das **Partizip Perfekt** und den **Infinitiv** von haben oder sein.

Beispiele: Um 12 Uhr wird das Flugzeug gelandet sein.
Dann werde ich angekommen sein.

## 9. Genus Verbi: Aktiv und Passiv

**1** Den Inhalt von vielen Sätzen kannst du auf zwei verschiedene Weisen ausdrücken: Im **Aktiv** geht die Handlung vom Subjekt aus, das **Subjekt steht im Mittelpunkt**. Im **Passiv** steht **der Vorgang oder der Zustand im Vordergrund**.

| Aktiv | Frau Mahlmann **kauft** ein altes Bild. |
|---|---|
| Passiv | Das alte Bild **wird** von Frau Mahlmann **gekauft**. (Vorgang) |
| | Das alte Bild **ist verkauft**. (Zustand) |

**2** Um das Passiv zu bilden, brauchst du eine Form von werden bzw. sein und das **Partizip Perfekt** eines Verbs.

| Aktiv | reparieren | Sie **repariert** das Auto. |
|---|---|---|
| Vorgangspassiv | repariert werden | Das Auto **wird** (von ihr) **repariert**. |
| Zustandspassiv | repariert sein | Das Auto **ist repariert**. |

| Aktiv | waschen | Er **wäscht** das Auto. |
|---|---|---|
| Vorgangspassiv | gewaschen werden | Das Auto **wird** (von ihm) **gewaschen**. |
| Zustandspassiv | gewaschen sein | Das Auto **ist gewaschen**. |

9

**3** Auch in Passivsätzen können **sämtliche Zeiten** vorkommen. Dabei zeigen die Hilfsverben werden und sein die Zeitformen an und werden mit dem **Partizip Perfekt des Verbs** kombiniert.

| | Aktiv | Vorgangspassiv | Zustandspassiv |
|---|---|---|---|
| Präsens | Sie schreibt den Brief. | Der Brief **wird** geschrieben. | Der Brief **ist** geschrieben. |
| Perfekt | Sie hat den Brief geschrieben. | Der Brief **ist** geschrieben **worden**. | Der Brief **ist** geschrieben **gewesen**. |
| Präteritum | Sie schrieb den Brief. | Der Brief **wurde** geschrieben. | Der Brief **war** geschrieben. |
| Plusquamperfekt | Sie hatte den Brief geschrieben. | Der Brief **war** geschrieben **worden**. | Der Brief **war** geschrieben **gewesen**. |
| Futur I | Sie wird den Brief schreiben. | Der Brief **wird** geschrieben **werden**. | Der Brief **wird** geschrieben **sein**. |
| Futur II | Sie wird den Brief geschrieben haben. | Der Brief **wird** geschrieben **worden sein**. | Der Brief **wird** geschrieben **gewesen sein**. |

## 10. Der Imperativ

**1** Der Modus bezeichnet die Art der Verbaussage. Anhand des Modus kannst du erkennen, wie die Satzaussage einzuschätzen ist. Es gibt insgesamt **drei Modi: Imperativ** (Befehlsform), **Indikativ** (Wirklichkeitsform) und **Konjunktiv** (Möglichkeitsform).

**2** Der **Imperativ** drückt **eine Aufforderung, einen Befehl** oder **eine Bitte** aus.

| | Imperativ |
|---|---|
| Singular | **Gib** mir mein Heft!<br>**Lass** mich schlafen! |
| Plural | **Gebt** mir mein Heft!<br>**Lasst** mich schlafen! |
| Höflichkeitsform<br>(beim Siezen) | **Geben Sie** mir bitte mein Heft!<br>**Lassen Sie** mich doch bitte schlafen! |

## 11. Der Indikativ

Der **Indikativ** (Wirklichkeitsform) drückt aus, dass ein Geschehen **wirklich** stattfindet, stattfand oder stattfinden wird. Dies gilt auch für das Erzählen von erfundenen Geschichten. Der Indikativ ist die gebräuchlichste Aussageweise.

Beispiele: Max nimmt zwei Löffel Zucker.
Er soll hoch leben.
Die Prinzessin ging nach Hause.
Morgen wird schlechtes Wetter sein.
Petra sagt: „Ich habe Hunger.“

## 12. Konjunktiv

**1** Der Konjunktiv (Möglichkeitsform) ist dann zu benutzen, **wenn man einer Sache nicht so sicher ist.** Man benutzt den Konjunktiv auch, wenn man einen **Wunsch** oder eine **Aufforderung** ausdrücken will.

Beispiele:     Ich glaubte, er sei krank.
              Der Wetterbericht sagt, es gebe Regen.
              Er lebe hoch!
              Man nehme zwei Löffel Zucker!
              Seien Sie doch ruhig!

**2** Beim Konjunktiv unterscheidet man **Konjunktiv I und II**, die folgendermaßen gebildet werden:

| | | |
|---|---|---|
| **Konjunktiv I** leitet seine Formen vom Indikativ des Präsens ab. Er unterscheidet sich vom Indikativ Präsens nur in der 3. Person Singular. | er fährt | – er **fahre** |
| | sie geht | – sie **gehe** |
| | er ist | – er **sei** |
| | sie hat | – sie **habe** |
| | sie lacht | – sie **lache** |
| | es regnet | – es **regne** |
| | er gießt | – er **gieße** |
| **Konjunktiv II** leitet seine Formen vom Indikativ des Präteritums ab. Er unterscheidet sich nur bei den starken Verben vom Indikativ. | er fuhr | – er **führe** (würde fahren) |
| | sie flogen | – sie **flögen** |
| | sie lag | – sie **läge** |
| | ich war | – ich **wäre** |
| | sie hatten | – sie **hätten** |
| | ihr nahmt | – ihr **nähmt** |
| | ich sang | – ich **sänge** |
| | sie wurde | – sie **würde** |

**3** Der **Konjunktiv I** ist sehr wichtig zur Kennzeichnung der **indirekten Rede**. Dadurch wird deutlich, dass hier die **Aussage einer anderen Person wiedergegeben wird**. Es bleibt die Möglichkeit offen, dass das Gesagte vielleicht nicht stimmt oder auf einem Irrtum beruht. Wenn Indikativ und Konjunktiv I gleich lauten, verwendet man für die indirekte Rede den Konjunktiv II.

| Direkte Rede (Indikativ) | Indirekte Rede (Konjunktiv) | |
|---|---|---|
| Maria rief aus: „Ich **bin** wirklich unschuldig. Ich **habe** nichts damit zu tun!" | Maria rief aus, dass sie unschuldig **sei** und nichts damit zu tun **habe**. (Konjunktiv I) | |
| Die Kinder sagten: „Wir **kommen** pünktlich." | nicht: | Die Kinder sagten, dass sie pünktlich kommen. (Konjunktiv I gleich lautend mit Indikativ) |
| | sondern: | Die Kinder sagten, dass sie pünktlich **kämen**. (Konjunktiv II) |

**4** Der Konjunktiv II bringt zum Ausdruck, dass **an dem Geschehen gezweifelt wird** und dass sich das Geschehen in Wirklichkeit nicht ereignet.

Beispiel:    Er sagte, er hätte kein Geld mehr. (Ich glaube ihm nicht.)
Wenn er doch ehrlicher wäre. (Das ist er aber nicht.)

6

## 13. Modalverben

**1** Bei den Verben unterscheidet man **Vollverben, Hilfsverben** und **Modalverben.**

**2** **Vollverben** können allein das Prädikat bilden.

Beispiele:   lesen (Er liest.); lachen (Sie lacht.)

**3** Die drei **Hilfsverben** haben, sein und werden sind zur Bildung der **Zeiten** und des **Passivs** notwendig. Sie können im Allgemeinen nicht allein stehen.

Beispiele:   sie haben gelesen, sie sind gegangen, sie wurden gesehen.

**4** Die **Modalverben** können, müssen, mögen, sollen, wollen und dürfen bestimmen die **Art des Geschehens.**

| Möglichkeit | Es **kann** morgen kalt sein.<br>Das **mag** wohl richtig sein. |
|---|---|
| Fähigkeit | Er **kann** gut schreiben. |
| Erlaubnis | Du **darfst** fernsehen. Du **kannst** jetzt fernsehen. |
| Notwendigkeit | Die Aufgabe **muss** richtig sein. |
| Pflicht | Er **soll** pünktlich sein. |
| Wunsch und Absicht | Ich **will** nach Hause gehen. Wir **wollen** verreisen. |

## 14. Das Substantiv

**1** Substantive bezeichnen **Lebewesen** (Mädchen, Hund, Baum), **Dinge** (Tür, Auto) oder **abstrakte Sachverhalte und Gedanken** (Idee, Liebe, Einsicht) mit Namen. Deshalb heißen Substantive auch Nomen (Namenwörter).

**2** Jedes Substantiv hat ein **Geschlecht (Genus),** das du am begleitenden Artikel erkennen kannst.

Beispiele:     der Baum (Maskulinum/männlich)
die Tür (Femininum/weiblich)
das Radio (Neutrum/sächlich)

**3** Die meisten Substantive können im **Singular** (Einzahl) und im **Plural** (Mehrzahl) auftreten. Der Plural kann unterschiedlich gebildet werden.

| Singular | Plural |
|---|---|
| der Mensch | die Menschen |
| das Floß | die Flöße |
| die Mutter | die Mütter |
| das Auto | die Autos |
| die Verkäuferin | die Verkäuferinnen |

**4** Je nach ihrer Stellung im Satz stehen die Substantive in einem bestimmten **Fall (Kasus).** Sie verändern dabei ihre Form, das heißt, sie werden **dekliniert.** Es gibt vier **verschiedene Fälle**, die man jeweils durch bestimmte Fragen erkennen kann.

| Singular (Einzahl) | | | |
|---|---|---|---|
| Kasus | Maskulinum | Femininum | Neutrum |
| Nominativ: Wer? (1. Fall/Wer-Fall) | der Baum | die Maus | das Auto |
| Genitiv: Wessen? (2. Fall/Wes-Fall) | des Baumes | der Maus | des Autos |
| Dativ: Wem? (3. Fall/Wem-Fall) | dem Baum | der Maus | dem Auto |
| Akkusativ: Wen oder was? (4. Fall/Wen-Fall) | den Baum | die Maus | das Auto |

| Plural (Mehrzahl) | | | |
|---|---|---|---|
| Kasus | Maskulinum | Femininum | Neutrum |
| Nominativ: Wer? | die Bäume | die Mäuse | die Autos |
| Genitiv: Wessen? | der Bäume | der Mäuse | der Autos |
| Dativ: Wem? | den Bäumen | den Mäusen | den Autos |
| Akkusativ: Wen oder was? | die Bäume | die Mäuse | die Autos |

## 15. Der Artikel

**1** Substantive werden häufig von Artikeln begleitet. **Unbestimmte Artikel** (einer, eine, ein) bezeichnen bislang Unbekanntes. **Bestimmte Artikel** (der, die, das) bezeichnen Bekanntes oder etwas Allgemeines.

**2** Artikel gehören zu den veränderbaren Wortarten, sie werden **dekliniert**. **Mit dem zugehörigen Substantiv stimmen Artikel immer im Genus (Geschlecht), Numerus (Zahl) und Kasus (Fall) überein.**

Beispiele:  Der Hund sprang über das Gartentor. (**Nominativ/1. Fall**)
Das Halsband des Hundes war verschwunden. (**Genitiv/2. Fall**)
Mia sah den Hund wegrennen. (**Akkusativ/4. Fall**)

# 16. Das Pronomen

Fürwörter heißen auf lateinisch Pronomen. Die lateinische Bezeichnung **Pronomen** bedeutet „für ein Nomen". Man kann daran erkennen, dass ein Pronomen ein Nomen (Substantiv) ersetzt. Es kann deshalb wie das Substantiv in allen **vier Fällen** stehen und im **Singular** und **Plural** vorkommen. Man unterscheidet:

| | |
|---|---|
| **Personalpronomen** (persönliches Fürwort) | **ich, du, er, sie, es, wir, ihr sie** **Du** kannst gerne heute Nachmittag zu **mir** kommen. |
| **Possessivpronomen** (besitzanzeigendes Fürwort) | **mein, dein, sein, ihr, unser, euer, ihr** Das ist **meine** CD! |
| **Demonstrativpronomen** (hinweisendes Fürwort) | **dieser, jener, derjenige, derselbe, solcher, der, die, das** **Diese** Muster finde ich super! **Der** da hat mir meine Inline-Skates geklaut! |
| **Relativpronomen** (bezügliches Fürwort) Es leitet Relativsätze ein. | **welcher, wer, was, der, die, das** Der Hund, **der** gestern gebellt hat … Die Katze, **welche** laut miaut … |
| **Reflexivpronomen** (rückbezügliches Fürwort) Es ist ein Bestandteil der reflexiven Verben z. B. sich bemühen. | ich bemühe **mich**; du bemühst **dich**; er, sie, es bemüht **sich**; wir bemühen **uns**; ihr bemüht **euch**; sie bemühen **sich** |
| **Interrogativpronomen** (Fragefürwort) Es leitet Fragen ein, die nicht mit ja oder nein beantwortet werden können. | **Wer? Was? Wem? Wann? Warum? Wie? Wo? Woher? Wozu?** **Wer** hat an der Tür geklingelt? (direkte Frage) Laura fragte, **wer** an der Tür geklingelt habe. (indirekte Frage) |
| **Indefinitpronomen** (unbestimmtes Fürwort) Es nennt eine unbestimmte Menge oder Größe. | **jemand, einige, wenige, manche, niemand, irgendein, mehrere, alle, sämtliche, viele, etliche** **Irgendjemand** hatte mein Auto geklaut. **Etliche** Zuhörer kamen zu spät. |

## 17. Das Adjektiv

**1** Das Adjektiv hat die Aufgabe, **bestimmte Eigenschaften oder Merkmale** genauer zu bezeichnen. Er kann im Satz unterschiedlich verwendet werden:

| | |
|---|---|
| **als Beifügung zu einem Substantiv (attributiver Gebrauch):** Hier wird das Adjektiv dekliniert, d. h., es richtet sich in Genus (Geschlecht), Numerus (Zahl) und Kasus (Fall) nach dem Substantiv. | eine **schöne** Schrift, der **jüngste** Schüler, die **ältere** Tochter, das **alte** Haus, die **knallrote** Plastiktüte |
| **in Verbindung mit einem Verb (adverbialer Gebrauch):** Hier verändert das Adjektiv seine Form nicht. | Er schreibt **schön.** Sie antworten **schneller,** als ich dachte. |
| **in Verbindung mit einem Hilfsverb (prädikativer Gebrauch):** Mit diesem zusammen bildet das Adjektiv das Prädikat. | Die Schrift ist **schön.** Der Tee wird **kalt.** |

**2** Die meisten Adjektive können **gesteigert** werden. Man unterscheidet folgende **Stufen:**

| | |
|---|---|
| **Positiv** (die Grundstufe) Vergleichswort: **wie** | schön so schön **wie** gestern |
| **Komparativ** (1. Vergleichsform) Vergleichswort: **als** | schöner schöner **als** gestern |
| **Superlativ** (2. Vergleichsform/Höchststufe) | der **schönste** Tag der Woche dieser Tag ist **am schönsten** |

 **Achtung!** Einige Adjektive lassen sich **nicht steigern,** z. B. tot, rund, viereckig, französisch, erstklassig, super …

## 18. Das Adverb

**1** Adverbien (Umstandswörter) sind eng mit dem Verb verbunden. Sie haben die **Aufgabe, ein Geschehen oder Personen und Gegenstände genauer zu bestimmen**. Im Unterschied zum Adjektiv **verändern Adverbien ihre Form nie** und stehen im Satz alleine.

**2** Die **lokalen Adverbien** machen Angaben zu den räumlichen und örtlichen Verhältnissen. Sie antworten auf die Frage: **Wo? Wohin? Woher?**

Beispiele: hier, da, dort, oben, unten, irgendwo, links, drinnen, hinauf, hierher, herein
Ich habe oben und unten geschaut. Er ist nirgendwo zu sehen.

**3** Die **temporalen Adverbien** drücken zeitliche Umstände aus. Sie antworten auf die Frage: **Wann? Wie lange? Wie oft?**

Beispiele: jetzt, gerade, schon, erst, endlich, sofort, immer, noch, selten, manchmal
Jetzt habe ich ihn endlich gefunden, und zwar dort, wo er immer gelegen hat!

**4** Die **modalen Adverbien** sagen etwas über die Begleitumstände eines Geschehens aus. Sie antworten auf die Frage: **Wie? Wie sehr? Auf welche Art und Weise?**

Beispiele: auch, kaum, umsonst, vielleicht, wohl, gewiss, gern, leider, bloß, nur, sehr, so
Leider habe ich auch kein Geld. Ich habe nur ein paar Cent.

**5** Die **kausalen Adverbien** begründen ein Geschehen. Sie antworten auf die Frage: **Womit? Wozu? Warum? Wodurch?**

Beispiele: deshalb, dazu, nämlich, sonst, folglich, dadurch
Ich war nicht zu Hause, deshalb hast du mich nicht erreicht.

## 19. Die Präposition

**1** Präpositionen (Verhältniswörter) kennzeichnen **Verhältnisse zwischen Dingen und Lebewesen.** Sie kommen nur in Verbindung mit einem anderen Wort vor. Da sie **vor** den entsprechenden Angaben stehen, heißen sie **Präpositionen** (= vorangestellt). Sie bezeichnen:

| lokale Verhältnisse (Wo? Wohin?) | an, auf, unter, hinter, in, über, zwischen, vor, neben | Das Geschenk liegt nicht **auf** oder **neben** dem Tisch, sondern **unter** dem Christbaum. |
|---|---|---|
| temporale Verhältnisse (Wann? Wie lange? Wie oft?) | nach, vor, gegen, bis, während, um | Ich werde **während** der Pause gehen, aber **vor** dem Essen zurückkommen. |
| kausale Verhältnisse (Warum? Womit? Wozu?) | wegen, trotz, durch, dank, aufgrund, infolge, anlässlich | **Trotz** des schönen Wetters blieb er zu Hause. |
| modale Verhältnisse (Wie? Von welcher Art?) | mit, ohne, bei, für, über, gegen | Er verließ das Haus **mit** Hut, aber **ohne** Schirm. |

**2** Präpositionen bestimmen, **in welchem Kasus (Fall) das nach ihnen stehende Substantiv oder Pronomen steht.** Man unterscheidet Präpositionen:

| mit Genitiv | trotz, dank, wegen, während, infolge, statt, oberhalb, abseits, angesichts, außerhalb | – trotz **seiner Müdigkeit**<br>– wegen **der heißen Luft** |
|---|---|---|
| mit Dativ | bei, mit, von, aus, nach, seit, zu, außer, entgegen, gegenüber | – mit **dem Finger** drohen<br>– bei **meiner Mutter** |
| mit Akkusativ | durch, für, gegen, ohne, um | – für oder gegen **ihn** sein<br>– ohne **meine Eltern** |

**3** Bei den Präpositionen an, auf, hinter, in, neben, über, unter, vor und zwischen kann das folgende Substantiv je nach Aussageabsicht **im Dativ oder im Akkusativ** stehen.

|  | Dativ: Wo?<br>(Lage) | Akkusativ: Wohin?<br>(Richtung) |
|---|---|---|
| auf | Das Buch liegt **auf dem** Tisch. | Ich lege das Buch **auf den** Tisch. |
| neben | Das Fahrrad ist **neben der** Tür. | Ich stelle das Fahrrad **neben die** Tür. |
| zwischen | Der Karton liegt **zwischen den** Seiten. | Sie legt den Karton **zwischen die** Seiten. |

6

## 20. Die Konjunktion

**1** Die **nebenordnenden Konjunktionen** (Bindewörter) verbinden gleichwertige Wörter, Wortgruppen oder Sätze. Ein Komma wird dann gesetzt, wenn ein **Unterschied** hervorgehoben werden soll oder eine **Begründung** angegeben wird.

| Verwendung ohne Komma | Verwendung mit Komma |
|---|---|
| und, sowie, sowohl … als auch, oder, entweder … oder, wie, als | aber, sondern, dennoch, denn, zwar, nämlich, also, deswegen |

Beispiele:
Sie war sowohl dankbar als auch froh und sehr glücklich.
Entweder du hörst jetzt auf zu pfeifen oder ich stelle das Radio an!
Es war warm, aber wir froren schrecklich.
Bitte entschuldige dich, denn wir sind sehr verärgert.

**2** **Unterordnende Konjunktionen**, wie z.B. während, als, wenn, da, damit, nachdem, verbinden Hauptsätze mit abhängigen Nebensätzen oder zwei Nebensätze, von denen der zweite vom ersten ebenfalls abhängig ist. Zwischen den Sätzen, die durch unterordnende Konjunktionen miteinander verbunden werden, steht **immer ein Komma.**

Beispiel:
Ich nehme gern an Wettkämpfen teil, weil es toll ist, wenn ich Erste werde.
(weil verknüpft den Haupt- mit dem ersten Nebensatz; wenn verknüpft den zweiten Nebensatz mit dem ersten Nebensatz.)

**3** Die **unterordnenden Konjunktionen** können folgende **Aufgaben** erfüllen:

| Zeitverhältnisse angeben | als, nachdem, bevor, während, solange | **Bevor** ich aufstand, dachte ich an Till. |
|---|---|---|
| Ursache und Wirkung bzw. Folge angeben | weil, da, so dass, damit | **Da** die Sonne schien, ging ich schwimmen. |
| Einschränkungen angeben | obwohl, obgleich | Ich fuhr ins Bad, **obwohl** es kalt war. |

# Zum Satz

## 1. Die Satzglieder

**1** Ein Satz besteht aus mehreren Teilen. Diese Teile nennt man **Satzglieder**. Sie können aus **einem oder mehreren Wörtern** bestehen, die sich als Ganzes verschieben lassen. Bei Umstellungen bleiben diese Wörter jeweils zusammen.

Beispiele: **Gestern** standen viele Autos *an der überfüllten Tankstelle.*
*An der überfüllten Tankstelle* standen **gestern** viele Autos.
Viele Autos standen **gestern** *an der überfüllten Tankstelle.*

**2** Ein wichtiges Satzglied ist das **Prädikat** (Satzaussage), das immer ein Verb enthält. Das Prädikat steht in enger Beziehung zum **Subjekt** (Satzgegenstand). Sätze, die nur aus Prädikat und Subjekt bestehen, nennt man **einfache Sätze**.

Beispiele: Sie (Subjekt) weinte (Prädikat).
Die Hunde (Subjekt) bellen (Prädikat).

**3** Bei einem **erweiterten Satz** kommt mindestens ein weiteres Satzglied hinzu.

Beispiele: Er saß im Auto.
Das Mädchen lachte laut.

**4** Ein selbstständiger Satz ist ein **Hauptsatz**. Sätze, die nicht alleine stehen können, heißen **Nebensätze** oder **Gliedsätze**.

Beispiel: Ich komme morgen (Hauptsatz), obwohl du nicht da sein wirst (Nebensatz).

**5** Haupt- und Nebensatz bilden ein **Satzgefüge**, während ein zusammengesetzter Satz, der aus zwei Hauptsätzen besteht, **Satzreihe** genannt wird.

Beispiele:     Ich weiß nicht, wann ich kommen werde. (Satzgefüge)
               Ich ging in die Schule, Kai ging in den Garten(,) und Mutter surfte im Internet. (Satzreihe)

**6** Außer dem Subjekt und Prädikat haben wir als weitere Satzglieder: **Objekte** (Ergänzungen), **adverbiale Bestimmungen** (Umstandsbestimmungen) und **Attribute** (Beifügungen).

Beispiele:     Sie sieht ihren Freund. (Objekt)
               Sie spielten im Jugendhaus vor. (adverbiale Bestimmung des Ortes)
               Dort steht ein schönes Haus. (Attribut)

## 2. Das Subjekt

**1** Das Subjekt kann ein Substantiv, ein Pronomen oder eine andere Wortart sein, die als Substantiv verwendet wird. Es steht immer im **Nominativ** (1. Fall) und antwortet auf die Frage **„Wer oder Was?"**

| Substantiv als Subjekt | **Autos** stehen auf dem Marktplatz.<br>**Maria** fährt mit dem Bus. |
|---|---|
| Pronomen als Subjekt | Sollte **er** nicht längst hier sein?<br>**Sie** hat keine Zeit. |
| Anderes Wort, das als Substantiv verwendet wird | **Lesen** macht viel Spaß.<br>**Reiche** haben es besser.<br>**Drei** ist eine Zahl. |
| Wortgruppe, die die Funktion eines Substantivs hat | **Das Buch** ist alt.<br>**Das dicke Buch** gehört mir.<br>**Das Buch dort** ist spannend.<br>**Das Buch aus Holz** gehört dem Baby.<br>**Lena, Felix und ich** kommen später. |

**2** Einige Verben verbinden das Subjekt mit einem Satzglied, das auch im Nominativ steht. Man nennt es den **Gleichsetzungsnominativ.** Er vervollständigt als Prädikatsnomen den Satz.

Beispiele:     Peter ist mein Freund.
Sie fühlt sich als Star.
Mein Freund wird Lehrer.

7/8

### 3. Das Prädikat

**1** Die wichtigsten Satzglieder sind Subjekt und Prädikat (Satzaussage). Das Prädikat steht im Aussagesatz immer an zweiter Stelle. Als Prädikat steht das Verb in der Personalform (finite Form). Dabei unterscheiden wir **einteilige** und **mehrteilige Prädikate**.

| einteiliges Prädikat (Satzkern): | Doris **schwimmt** durch den See.<br>Sie **ging** nach Hause. |
|---|---|
| **mehrteiliges Prädikat** (Satzklammer)<br><br>– bei zusammengesetzten Zeiten: | Er **hat** das Buch **gelesen**.<br>Sie **wird** nach London **fliegen**.<br>Der Berg **ist** im letzten Jahr **bestiegen worden**. |
| – bei Modalverb und Vollverb: | Sie **möchte** später **kommen**.<br>Er **darf** nicht nach Paris **fahren**. |

**2** Das Prädikat stimmt in **Person** und **Numerus** (Zahl) immer mit dem Subjekt überein. Beide müssen auch inhaltlich zusammenpassen.

## 4. Das Objekt

**1** Das Objekt, **die Satzergänzung**, ist die Person oder Sache, auf die sich das Prädikat bezieht. Viele Verben, sowohl transitive (zielende) als auch nichttransitive (nicht zielende), brauchen eine Ergänzung. Wir unterscheiden folgende Ergänzungen: das **Akkusativobjekt**, das **Genitivobjekt**, das **Dativobjekt** und das **Präpositionalobjekt**.

### Das Objekt bei transitiven Verben

| Art | Beispiel | Frage |
|---|---|---|
| Das Objekt im 4. Fall = Akkusativobjekt | Er sieht **seinen Freund**. | Wen sieht er? … den Freund |

### Objekte bei intransitiven Verben

| Arten | Beispiel | Frage |
|---|---|---|
| Objekt im 2. Fall = Genitivobjekt | Es bedurfte **einiger Übung**. | Wessen bedurfte es? … einiger Übung |
| Objekt im 3. Fall = Dativobjekt | Der Hund gehorcht **dem Herrn**. | Wem gehorcht er? … dem Herrn |
| Präpositionalobjekt | Sie spielte **auf der Geige**. | Worauf spielte sie? … auf der Geige |

**2** Manche Verben haben **mehrere Objekte**.

Beispiel: Er gab **mir** einen Stift. (Dativobjekt und Akkusativobjekt)

**3** Einige Verben verlangen **zwei Akkusativobjekte**. Das zweite Objekt wird mit dem ersten gleichgesetzt. Man nennt es **Gleichsetzungsakkusativ**.

Beispiel: Sie hat **ihn** Dummkopf (= Gleichsetzungsakkusativ) genannt.

## 5. Die adverbiale Bestimmung

Die adverbiale Bestimmung ist eine zusätzliche, aber keine notwendige Erweiterung des Satzes. Mit ihr werden **besondere Merkmale oder Umstände von Vorgängen oder Zuständen** näher bestimmt. Es gibt unterschiedliche adverbiale Bestimmungen:

| adverbiale Bestimmung | Beispiele | Fragen |
|---|---|---|
| ... des Ortes (Lokalbestimmung) | Er arbeitet **in der Bank.** Sie kommt **von China.** Er läuft **zur Schule.** | Wo? Woher? Wohin? |
| ... der Zeit (Temporalbestimmung) | Sie kommt **heute.** **Seit gestern** wohnt er hier. Er bleibt **bis morgen.** Sie bleibt **drei Wochen.** Sie springt **viermal.** | Wann? Seit wann? Bis wann? Wie lange? Wie oft? |
| ... der Art und Weise (Modalbestimmung) | Sie singt **sehr gut.** | Wie? Auf welche Art? Unter welchen Umständen? |
| ... des Grundes (Kausalbestimmung) | **Durch den vielen Regen** war der Weg matschig geworden. | Warum? Wieso? Weshalb? Wozu? |

## 6. Das Attribut

**1** Das Attribut ist eine **Beifügung zu einem Satzglied**, das durch dieses Attribut näher bestimmt wird.

**2** Es ist kein selbstständiges Satzglied, sondern es ist nur ein Teil eines Satzglieds. Es ist fest mit seinem Bezugswort verbunden, kann daher also in einem Satz nur mit diesem verschoben werden. Das Attribut antwortet auf die Fragen „**Was für …? Was für ein …? Wessen …?**"

**3** Attribute erscheinen in **unterschiedlichen Formen**:

| Art | Bezeichnung | Beispiel |
|---|---|---|
| als Adjektiv | Adjektivattribut | das **heiße** Wetter |
| als Substantiv im Genitiv | Genitivattribut | auf Beschluss **der Konferenz** |
| als Substantiv mit Präposition | Präpositionales Attribut | eine Frau **von Format** |
| als Infinitiv mit zu | verbales Attribut | Er hatte keine Lust **zu lernen.** |
| als Substantiv im gleichen Fall | Apposition | Toni, **mein Freund,** kam auch. |

# 7. Überblick über die Hauptsatzarten

**1** Sätze sind abgeschlossene Sinneinheiten. Mit Sätzen kann man erzählen, feststellen, ausrufen, fragen, wünschen oder auffordern. Daher werden **folgende Satzarten** unterschieden:

| Satzarten | Merkmale | Beispiele |
|---|---|---|
| Aussagesatz | Das Prädikat steht hinter dem Subjekt. | Der Wagen **rollt** über die Schienen. |
| Fragesatz a) Entscheidungsfrage | Der Satz beginnt mit einem finiten Verb; die erwartete Antwort ist ja oder nein. | **Kommst** du heute? (ja/nein) |
| b) Ergänzungsfrage | Der Satz beginnt mit einem Fragewort. | **Wann** kommst du? |
| Aufforderungssatz | Das Verb steht im Imperativ. | **Lauf** schnell! **Geht** schon los! |
| Ausrufesatz | Der Satz beginnt häufig mit einem Ausrufewort. | **Ah,** ist das schön! Das darf doch nicht wahr sein! |
| Wunschsatz | Das Verb steht im Konjunktiv II. | Wir **wären** gerne gekommen. |

**2** Der **Aussagesatz** endet mit einem **Punkt,**
der **Ausrufe- oder Wunschsatz** mit einem **Ausrufezeichen** und
der **Fragesatz** mit einem **Fragezeichen.**

# 8. Überblick über die Nebensatzarten

**1** Nebensätze sind **vollständige Sätze**, bei denen das Prädikat am Ende steht. Sie können **nicht allein stehen**, weil sie ohne den zugehörigen Hauptsatz keinen Sinn ergeben. Sie werden immer durch ein **Komma** vom Hauptsatz abgetrennt und können vor oder nach dem Hauptsatz stehen. Sie können aber auch zwischen Teilen des Hauptsatzes stehen. In allen Fällen sprechen wir von einem **Satzgefüge**.

Beispiele: Sie wird für uns die Lampe anschließen, wenn sie Zeit hat.
Sie wird, wenn sie Zeit hat, für uns die Lampe anschließen.
Wenn sie Zeit hat, wird sie für uns die Lampe anschließen.

**2** Nebensätze können **bestimmte Teile des Hauptsatzes ersetzen**. Folgende Nebensätze können wir dem Inhalt nach unterscheiden:

| Bezeichnung | Beispiel |
|---|---|
| **Subjektsatz** (ersetzt das Subjekt) | **Wer mitkommen will,** soll sich melden. |
| **Objektsatz** (ersetzt das Objekt) | **Dass das wirklich so ist,** musst du erst beweisen. |
| **Adverbialsatz** (ersetzt die adverbiale Bestimmung) | **Als es regnete,** liefen sie ins Haus. |
| **Attributsatz** (ersetzt das Attribut) | Das Fahrrad, **das dort an der Wand lehnt,** ist ganz neu. |

**3** Nebensätze können mit **verschiedenen Wortarten eingeleitet** werden.

| Wortart | Beispiel | Nebensatzart |
|---|---|---|
| unterordnende Konjunktionen | Er fuhr ab, **weil** es schon so spät war. | Konjunktionalsatz |
| Relativpronomen | Der Hund, **der** dort läuft, gehört mir. | Relativsatz |
| Interrogativpronomen | Ich weiß nicht, **was** das bedeutet. | indirekter Fragesatz |

**4** **Infinitive mit** zu können durch andere Wörter erweitert werden und **wirken dann wie Nebensätze,** haben aber im Gegensatz zu diesen kein eigenes Subjekt. **Erweiterte Infinitivsätze** werden manchmal durch eigene Konjunktionen eingeleitet.

Beispiele:    Er kam(,) um die Maschine zu überprüfen.
Sie lief über die Straße(,) ohne auf den Verkehr zu achten.

Diese Infinitivsätze können vom Hauptsatz durch ein Komma getrennt werden. Du darfst das Komma aber auch weglassen.
**Ausnahme:** Nach einer hinweisenden Formulierung **muss** es gesetzt werden:
Max größter Wunsch ist es, allein nach Italien zu reisen.

**5** **Nebensätze können durch den Gebrauch von Partizipien verkürzt werden.** Auch hier müssen keine Kommas gesetzt werden. Sie werden nur gesetzt, wenn man Missverständnisse ausschließen und wenn man die Gliederung des Satzes deutlich machen will.

**Nachdem sie sich mit einer Tasse Tee aufgewärmt hatte,** schnallte sie sich wieder die Skier an.
**Durch eine Tasse Tee gestärkt(,)** schnallte sie sich wieder die Skier an.

**Während er ein Lied pfiff,** putzte er sein Motorrad.
**Ein Lied pfeifend(,)** putzte er sein Motorrad.

## 9. Subjekt- und Objektsätze

**1** Ein Nebensatz, **der das Subjekt oder Objekt des Hauptsatzes ersetzt**, heißt Subjekt- bzw. Objektsatz.

**2** Durch Fragen kannst du herausfinden, ob der Satz ein Subjekt oder ein Objekt vertritt. Im Objektsatz finden wir ein anderes Subjekt als im Hauptsatz. Beim Subjektsatz handelt es sich um dasselbe Subjekt.

| Beispiel | Frage | Art des Nebensatzes |
|---|---|---|
| **Wer gesund bleiben will,** sollte viel lachen.<br><br>**Ob das Flugzeug gelandet ist,** ist uns nicht bekannt. | Wer oder was sollte viel lachen?<br><br>Wer oder was ist gelandet? | Subjektsatz |
| Ich finde es schlimm, **wie er arbeitet.**<br><br>Carmen kündigt an, **dass die Fußballmannschaft bald ankommt.** | Wen oder was finde ich schlimm?<br><br>Wen oder was kündigt Carmen an? | Objektsatz |

**3** Subjekt- und Objektsätze können auf verschiedene Art und Weise eingeleitet werden.

| durch eine unterordnende Konjunktion: | Ich freue mich, **wenn** die Pferde sich hier wohl fühlen. |
|---|---|
| durch ein Relativpronomen: | **Wer** mithelfen will, kommt schon um acht Uhr. |
| durch ein Interrogativpronomen (Fragewort): | **Ob** sie wirklich kommt, weiß ich nicht. |

## 10. Der Adverbialsatz

**1** Adverbialsätze sind **Nebensätze, die das Satzglied „adverbiale Bestimmung" ersetzen**. Sie erläutern, unter welchen Umständen etwas geschieht oder vor sich geht.

| adverbiale Bestimmung | **Dabei** aß er ein Eis. |
|---|---|
| Adverbialsatz | **Während er ein Buch las,** aß er ein Eis. |

**2** **Adverbialsätze sind die häufigsten Nebensätze.** Sie sind fast immer **Konjunktionalsätze**. An der Konjunktion erkennen wir die **Sinnrichtung**. Diese Sinnrichtung kann man erfragen.

| Sinnrichtung | Bezeichnung | Beispiel |
|---|---|---|
| | | **Ich fahre nach Freiburg,** |
| Zeit | **Temporalsatz** | … während ich Ferien habe. |
| Ort | **Lokalsatz** | … wo ich eine Tante habe. |
| Art und Weise | **Modalsatz** | … indem ich bei Freunden im Auto mitfahre. |
| Grund | **Kausalsatz** | … weil ich Heimweh habe. |
| Einräumung/ Gegengrund | **Konzessivsatz** | … obwohl ich keine Lust habe. |
| Bedingung | **Konditionalsatz** | … falls ich darf. |
| Folge | **Konsekutivsatz** | … so dass ich mich dort erholen kann. |
| Zweck/Absicht | **Finalsatz** | … damit ich meiner Tante helfen kann. |

Die letzten vier Formen zählt man heute oft zu den Kausalsätzen im weitesten Sinne.

## 11. Der Attributsatz

**1**

Attributsätze sind Nebensätze, die ein Attribut ersetzen. Sie erklären das Wort genauer, zu dem sie gehören. Sie sind eng mit diesem Bezugswort verbunden und können daher nicht von ihm getrennt werden. Attributsätze antworten auf die Fragen „**Welcher, welche, welches? Welche Art von ...?**"

| | Attributsatz |
|---|---|
| Das **zu Schrott gefahrene** Auto wurde abgeschleppt. | Das Auto, **das zu Schrott gefahren wurde**, wurde abgeschleppt. |
| Der **weinende** Junge hatte sich verlaufen. | Der Junge, **der weinte**, hatte sich verlaufen. |

**2**

Attributsätze sind meistens **Relativsätze**, die mit einem Relativpronomen eingeleitet werden. Das Relativpronomen stimmt in Numerus und Genus mit seinem Bezugswort überein.

Beispiele: Der Mann, der auf der Leiter steht, ist mein Vater.
Die Buchstaben, die du geschrieben hast, kann ich nicht erkennen.
Die Pfeilspitzen, die mit Gold verziert waren, gefielen ihm besonders gut.

7/8